BEI GRIN MACHT SICH IHF WISSEN BEZAHLT

- Wir veröffentlichen Ihre Hausarbeit,
  Bachelor- und Masterarbeit

- Ihr eigenes eBook und Buch -
  weltweit in allen wichtigen Shops

- Verdienen Sie an jedem Verkauf

Jetzt bei www.GRIN.com hochladen
und kostenlos publizieren

Daniela Hörmann

Grundlagen des Webdesigns. Analyse einer Website nach den Aspekten Planung, Gestaltung und Promotion

Bibliografische Information der Deutschen Nationalbibliothek:

Die Deutsche Bibliothek verzeichnet diese Publikation in der Deutschen National-
bibliografie; detaillierte bibliografische Daten sind im Internet über http://dnb.d-
nb.de/ abrufbar.

Impressum:

Copyright © 2013 GRIN Verlag GmbH
Druck und Bindung: Books on Demand GmbH, Norderstedt Germany
ISBN: 978-3-656-93324-3

Dieses Buch bei GRIN:

http://www.grin.com/de/e-book/293757/grundlagen-des-webdesigns-analyse-einer-
website-nach-den-aspekten-planung

GRIN - Your knowledge has value

Der GRIN Verlag publiziert seit 1998 wissenschaftliche Arbeiten von Studenten, Hochschullehrern und anderen Akademikern als eBook und gedrucktes Buch. Die Verlagswebsite www.grin.com ist die ideale Plattform zur Veröffentlichung von Hausarbeiten, Abschlussarbeiten, wissenschaftlichen Aufsätzen, Dissertationen und Fachbüchern.

Besuchen Sie uns im Internet:

http://www.grin.com/

http://www.facebook.com/grincom

http://www.twitter.com/grin_com

Hochschule für angewandtes Management in Erding
Fachbereich Wirtschaftspsychologie
Sommersemester 2013
Wahlmodul „Grundlagen Webdesign"

Studienarbeit

**Analyse einer Website nach den Aspekten
Planung, Gestaltung und Promotion**

Vorgelegt von Daniela Hörmann

Daniela Hörmann   4. Semester

Tag der Einreichung:
13. September 2013

Inhaltsverzeichnis

Abbildungsverzeichnis

1. Einführung

In der heutigen Zeit hat beinahe jedes Unternehmen, egal ob große Handelsgruppe, mittelständiges Unternehmen oder kleiner Familienbetrieb, eine eigene Website und auch Privatpersonen erstellen mit wachsender Begeisterung ihre eigene Webpräsenz. Die Website wird als Visitenkarte der Neuzeit angesehen und gewinnt aufgrund der zunehmenden Tendenz der Gesellschaft, ihr soziales Leben und den Konsum in das Internet zu verlagern, immer mehr an Bedeutung[1] - denn wer im Internet nicht zu finden ist, existiert nicht! Im Rahmen der Internet-Facts-Studie der AGOF wurde festgestellt, dass 51,40 Millionen Deutschsprachige über 14 Jahren in Deutschland das Internet nutzen und sich 96,5 Prozent online über Produkte und Dienstleistungen informieren – somit kann sich das Internet als eines der wichtigsten Werbeträger behaupten.[2] Es ist daher unverzichtbar, eine Website zu kreieren, welche dem Besucher durch innovatives Design, akkurate Wortwahl, ansprechende Farbenwahl und guter Stellenplatzierung in den Suchmaschinen unvermittelt ins Auge springt. Die Bedeutung des Webdesigns wird im Rahmen dieser Studienarbeit anhand einer detaillierten Analyse einer Webseite der Hochschule für angewandtes Management, oder kurz HAM, verdeutlicht: http://www.marketing-kommunikation-studium.de. Dabei unterteilt sich die Analyse inhaltlich und strukturell in die drei Themenbereiche Planung, Gestaltung und Promotion.

2. Unternehmensprofil der Hochschule für angewandtes Management

Die Hochschule für angewandtes Management ist heute die größte private Hochschule im Freistaat Bayern, welche vom Bayrischen Staatsministerium für Wissenschaft, Forschung und Kunst volle staatliche Anerkennung genießt. Alle angebotenen Studiengänge sind durch die FIBAA akkreditiert und die erworbenen akkademischen Grade dürfen international ohne Einschränkung geführt werden.

Die Trägerschaft der Hochschule ist privat, Forschung und Lehre werden darüber hinaus von zahlreichen Partnern und Sponsoren gestützt. Nach der erfolgreichen Gründung im Jahr 2004 in Erding kamen in hoher Frequenz neue Standorte hinzu. Neben einem Campus in Erding ist die Hochschule auch an Standorten in Bad Tölz,

---

[1] Vgl. Gutheim, P. (2008), Seite 68
[2] Vgl. http://www.agof.de/weitere-informationen-ansehen.583.de.html, Abruf 12.09.2013

Günzburg, Neumarkt, Treuchtlingen, Unna sowie mit einem Campus in Berlin vertreten.[3]

Besonders relevant für diese Studienarbeit ist der wirtschaftspsychologische Studiengang Kommunikations- und Werbemanagement, welcher seit dem Wintersemester 2011/2012 als Bachelor-Studiengang angeboten wird. Im Rahmen dieses Studiengangs werden sowohl wissenschaftliche als auch methodische Fachkenntnisse aus der Betriebswirtschaft und Werbepsychologie vermittelt und mit den praktischen Herausforderungen der Kommunikations- und Werbebranche verknüpft. Zudem ist geplant, den Studiengang im kommenden Wintersemester 2013/2014 auch als Master-Studiengang anzubieten um bereits erworbene Fachkenntnisse in diesem Bereich zu vertiefen.

Für die Hochschule lassen sich im Allgemeinen drei Hauptzielgruppen definieren: einerseits die aktuellen und potenziellen Studenten, anderseits die Dozenten und die Arbeitgeber, welche in Kooperation mit der Hochschule ein duales Studium anbieten.

3. Planung

Der Schlüssel zu einer erfolgreichen Website ist eine ausführliche Planung. Dabei müssen verschiedene Aspekte betrachtet werden, wie allgemeine Informationen rund um die Website, das Strukturdesign und das Interaktionsdesign.

3.1 Information und Analysen

Die erste Phase in einem Gestaltungsprojekt ist immer die Informations- und Analysephase. Dabei ist zu beachten, dass eine Website immer in enger Zusammenarbeit mit dem Kunden entwickelt werden sollte, denn nur so kann sowohl der Erfolg einer Website als auch die Zufriedenheit des Kunden sichergestellt werden.[4] Dabei müssen Strategien, Ziele, Zielgruppe und Features klar definiert werden, damit eine durchgängige Orientierung an den Bedürfnissen und Wünschen der Besucher der Webseite sichergestellt werden kann.

3.1.1 Websitestrategie

Ausgangspunkt für die Erstellung einer Website ist die Wahl der Strategie, welche der Internetauftritt verfolgen soll. Die am häufigsten anzutreffenden

---

[3] Vgl. zu diesem Absatz www.fham.de, Abruf 13.09.2013
[4] Vgl. Gutheim, P. (2008), Seite 5

Websites sind diejenigen, die ein Unternehmen, eine Organisation oder auch ein Produkt repräsentieren – sie werden daher als Unternehmensrepräsentation, Branding- oder Image-Site bezeichnet.[5] Eine solche Strategie ist auch bei unserem Beispiel anzutreffen: Die Website soll die Hochschule und vor allem den wirtschaftspsychologische Studiengang Kommunikations- und Werbemanagement von der besten Seite repräsentieren. Sie gilt als Visitenkarte der Hochschule und der Eindruck, welchen der Besucher von der Site hat, bestimmt, welchen Eindruck er von der Hochschule oder dem Studienangebot bekommt (Abbildung 1).

Abbildung 1: Startseite http://www.marketing-kommunikation-studium.de[6]

Abbildung 2: Startseite http://www.fham.de[7]

Dabei ist jedoch zu beachten, dass es sich hierbei nicht um die offizielle Website der Hochschule handelt (Abbildung 2), sondern lediglich um eine zusätzliche Informationsquelle, welche sich in erster Linie auf den wirtschaftspsychologischen Bachelor- und Masterstudiengang Kommunikations- und Werbemanagement fokussiert.

---

[5] Vgl. Hammer, N. et. Al. (2009), Seite 37
[6] Abb.1: Screenshot http://www.marketing-kommunikation-studium.de, Abruf 13.09.2013
[7] Abb.2: Screenshot http://www.fham.de, Abruf 13.09.2013

3.1.2 Ziele der Website

Das Ziel der Website http://www.marketing-kommunikation-studium.de ist, für den Bachelor- und Masterstudiengang Wirtschaftspsychologie mit Branchenfokus Kommunikations- und Werbemanagement neue Anmeldungen für das kommende Wintersemester 2013/2014 zu generieren. Dies soll unter anderem damit erreicht werden, dass die Bekanntheit der Hochschule bei der Kernzielgruppe gesteigert wird. Es sollen also neue Interessenten gefunden werden, welche motiviert sind, ein Studium an der Hochschule für angewandtes Management zu beginnen. Voraussetzung hierfür ist das Interesse der Zielgruppe zu wecken und Informationen über die Hochschule und den Studiengang überschaubar und ansprechend anzubieten. Das Ziel wird als durchaus realistisch erachtet und die Evaluation des Erfolges kann ohne großen Aufwand anhand der Auszählung der getätigten Anmeldungen ermittelt werden.

3.1.3 Zielgruppe

„Eine Analyse der anvisierten Zielgruppen ist unumgänglich, um auf diese Weise spezielle gestalterische Anforderungen je nach Zielgruppe zu ergründen und so zur Gestaltungsanregung nutzen zu können."[8]

Die Definition der Zielgruppe ist bei der Planung einer Website daher von zentraler Bedeutung, denn dem Webdesigner muss von Anfang an bewusst sein, welches Publikum anzusprechen ist. Eine Website, die nicht nach den Bedürfnissen, Interessen und Erwartungshaltungen der Zielgruppe ausgerichtet ist, ist wenig erfolgsversprechend. Bei der Zielgruppenanalyse ist jedoch zu beachten, dass es nicht nur einen spezifischen Nutzer gibt, sondern dass mit Hilfe des Internets viele verschiedene Menschen zusammengeführt werden, die aus verschiedenen Bildungsschichten, sozialen Strukturen und Altersklassen stammen und entsprechend ihrem Hintergrund unterschiedliche Bedürfnisse, Interessen und Erwartungshaltungen an die Website haben.[9]

Um das festgelegte Ziel, nämlich die Generierung neuer Anmeldungen für das Studium der Wirtschaftspsychologie, zu erreichen, wird im Folgenden die für

---

[8] Vgl. Hammer, N. et. Al. (2009), Seite 155
[9] Vgl. Gutheim, P. (2008), Seite 8

die Website relevante Zielgruppe der potenziellen neuen Studenten untersucht. Diese Zielgruppe umfasst sowohl Abiturienten und Studenten, als auch aufgrund des semivirtuellen Studienkonzeptes ambitionierte Berufstätige, welche sich Rahmen der Wirtschaftspsychologie neben dem Beruf fortbilden möchten. Des Weiteren ist zu beachten, dass sich das Studienkonzept optimal mit der Familie vereinbaren lässt, sodass sich das Studium auch für junge Eltern anbietet. Das Alter der anvisierten Zielpersonen liegt überwiegend zwischen 18 und 30 Jahren. Eine spezifische regionale Einschränkung gibt es hier nicht, da aufgrund der kurzen intensiven Präsenzphasen der Standort nur eine untergeordnete Rolle spielt. Wichtig ist lediglich, dass nur deutschsprachige Länder und Regionen angesprochen werden sollten, weil die Studieninhalte derzeit nur in deutscher Sprache zur Verfügung stehen. Da es sich bei den anvisierten Zielpersonen um ein recht junges Publikum handelt ist davon auszugehen, dass die Zielgruppe sich überwiegend über das Internet informiert – daher fungiert der Internetauftritt der Hochschule als ein Kernelement der Kommunikation.

Ausschlaggebend ist die Analyse der Zielgruppe vor allem für die Wahl des Designs der Website, denn hier klärt sich, ob die Website in die Corporate Identity der Hochschule eingegliedert wird.

3.1.4 Corporate Identity Vorgaben

Fast alle Unternehmen und Institutionen, die einen Webauftritt planen, sind bereits mit einer speziellen gestalterischen Erscheinungsform in der Öffentlichkeit vertreten – sie haben ein Corporate-Identity-Konzept.[10] Die Corporate Identity beschreibt das Selbstverständnis eines Unternehmens oder einer Institution mit dem übergreifenden Ziel, nach innen und außen als geschlossene Einheit aufzutreten. Wie in Abbildung 3 zu sehen ist, stützt sich die Corporate Identity auf drei Säulen: Corporate Design, Corporate Communication und Corporate Behaviour.[11]

---

[10] Vgl. Hammer, N. et. Al. (2009), Seite 158
[11] Vgl. Böhringer, J. et. Al. (2008), Seite 546 f.

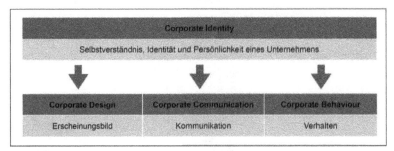

Abbildung 3: Die drei Säulen einer Corporate Identity: Corporate Design, Corporate Communication, Corporate Behaviour.[12]

Besonders relevant für das Webdesign ist das Corporate Design des Unternehmens, denn bereits bei der Planung muss berücksichtigt werden, dass sich die Website an diesem orientieren sollte. Darunter ist das innere und äußere Erscheinungsbild eines Unternehmens oder einer Institution zu verstehen und es sorgt dafür, dass das Unternehmen einmalig, unverwechselbar und individuell wird.[13] Eine konsequente Einhaltung des Corporate Designs sorgt für ein einheitliches Erscheinungsbild und einen hohen Wiedererkennungswert. In Abbildung 4 sind die wichtigsten Komponenten eines Corporate Designs dargestellt.

Abbildung 4: Komponenten eines Corporate Designs.[14]

Auffällig bei der Analyse der Website http://www.marketing-kommunikation-studium.de ist, dass das bereits vorhandene Corporate Design der Hochschule größtenteils nicht berücksichtigt wurde. Lediglich die Verwendung

---

[12] Abb. 3: Eigene Darstellung in Anlehnung an Böhringer, J. et. Al. (2008), Seite 546
[13] Vgl. Böhringer, J. et. Al. (2008), Seite 549
[14] Abb. 4: Eigene Darstellung in Anlehnung an Böhringer, J. et. Al. (2008), Seite 549

des Logos der Hochschule lässt darauf schließen, dass die beiden Websites in Zusammenhang stehen – im Farb- und Schriftkonzept, sowie in der Wahl des Layouts und des Gestaltungsrasters unterscheiden sich die beiden Webauftritte jedoch erheblich.

Abbildung 5: Äußeres Erscheinungsbild der beiden Webauftritte[15].

Hier lässt sich im Rahmen der Analyse jedoch nur spekulieren, ob die fehlende Anlehnung an das Corporate Design eine Folge mangelhafter Planung war, oder ob durch die Gestaltung der Website eine bewusste Abgrenzung geschaffen werden sollte.

3.1.5 Features der Website

Im Verlauf der Planungsphase wird außerdem geklärt, ob die Website besondere Features beinhalten soll, wie beispielsweise einen Warenkorb, Memberbereich oder ein Forum.[16] Bei der zu analysierenden Website wurde ein Blog eingerichtet (Abbildung 6) – darunter versteht man „ständig

---

[15] Abb. 5: Eigene Darstellung
[16] Vgl. Gutheim, P. (2008), Seite 12

aktualisierte und kommentierte Tagebuchbeiträge, die mittels der RSS-Technologie abonniert werden können".[17]

Blogs stellen einen hervorragenden Weg dar, um mit interessierten, hoch-involvierten Kunden in direkten Kontakt zu treten. Die Chancen, die im Aufbau eines aktiven Blogs liegen, präsentieren sich vielschichtig, denn mit informativen Content und der richtigen Zielgruppenansprache kann es gelingen kommunikative Kontaktpunkte zu knüpfen, welche nicht nur der Kundeninformation dienen, sondern auch das Kundenerleben beeinflussen.[19]

3.2 Strukturdesign

Bei dem sogenannten „Strukturdesign" handelt es sich um konzeptionelle Designarbeit, welche das spätere Interaktions- und Interfacedesign beeinflusst. Ziel des Strukturdesigns ist es, alle vorgesehenen Websiteinhalte in einer logischen Beziehungsstruktur einander zuzuordnen.[20]

---

[17] http://wirtschaftslexikon.gabler.de/Definition/blog.html, Abruf 13.09.2013
[18] Abb. 6: Screenshot http://www.marketing-kommunikation-studium.de/?cat=1, Abruf 13.09.2013
[19] Vgl. zu diesem Absatz Fischer, P. et. Al. (2011), Seite 137
[20] Vgl. Hammer, N. et. Al. (2009), Seite 164

3.2.1 Inhaltlicher Aufbau

Zu Beginn der Sitestrukturierung muss herausgearbeitet werden, was mit der Site vorrangig beabsichtigt wird. Wie bereits in Kapitel 3.1.2 erläutert wurde, soll die Website http://www.marketing-kommunikation-studium.de über das Studienkonzept der HAM, sowie über den wirtschaftspsychologischen Studiengang Kommunikations- und Werbemanagement informieren und so letztendlich neue Anmeldungen für das kommende Wintersemester generieren. Wie in Abbildung 7 zu sehen ist, wurden die Informationen aufgrund dieser Ziele nutzergerecht organisiert und in sinnvolle Rubriken eingeteilt.

Abbildung 7: Ansicht der Menüleiste.[21]

3.2.2 Sitestrukturmodell

Die Struktur einer Website beschreibt ihren logischen Aufbau und die Beziehung zwischen den verwendeten Elementen. Sie spielt eine zentrale Rolle und ist sozusagen das Skelett der multimedialen Anwendung: Bei einem falschen Aufbau wird der Nutzer den gesuchten Inhalt nicht finden und die Website verlassen – womöglich für immer.

Bei der zu analysierenden Website wurde die sogenannte Baumstruktur verwendet – das mit Abstand am häufigsten verwendete Sitestrukturmodell. Grund hierfür ist die intuitive Benutzerführung und die einfache Bedienung. Diese Struktur bietet dem Nutzer auf jeder Ebene die Möglichkeit, sich für einen Ast zu entscheiden und hierdurch eine Ebene tiefer zu gelangen. Die Rückkehr erfolgt entweder in umgekehrter Weise von Ebene zu Ebene, oder über die direkte Rückkehr zur Startseite durch einen entsprechenden Button.[22]

---

[21] Abb.7: Screenshot http://www.marketing-kommunikation-studium.de, Abruf 13.09.2013
[22] Vgl. zu diesem Absatz Böhringer, J. et. Al. (2008), Seite 471 f.

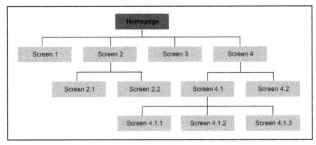

Abbildung 8: Darstellung der Baumstruktur.[23]

3.3 Interaktionsdesign

Nachdem im vorangegangenen Strukturdesign die logische Ordnung der vorhandenen Informationen analysiert wurde, beschäftigt sich dieser Teil der Arbeit mit der Analyse des Navigationskonzeptes, welches dem Nutzer den Zugang zu den Informationen verschafft.

3.3.1 Navigationskonzept

Die Wahl eines geeigneten Navigationskonzeptes hängt wesentlich vom Umfang der navigierbaren Kategorien, der Breite und der Tiefe der gewählten Navigationsstruktur ab.[24] Da es sich bei der zu analysierenden Website um eine sehr kleine und übersichtliche Site handelt, kommt diese mit nur wenigen Interaktionselementen aus, welche in Abbildung 9 dargestellt sind:

Im linken Bereich des sogenannten Banners ist das Logo der Hochschule platziert, welches als Rücklink zur Startseite fungiert (1). Unterhalb des Banners befindet sich die Hauptnavigation mit diversen Unterebenen (2). Diese ermöglicht dem Besucher, sich selbstständig durch das Angebot zu navigieren und die interessanten Inhalte auszuwählen. Auf den Unterseiten ist zudem eine Pfadnavigation, auch als Breadcrumbtrail bekannt, platziert (3), welche den Benutzern erlaubt, schnell zu einer vorher besuchten Sektion oder auf die Startseite zurückzukehren. Zudem befindet sich im oberen rechten Teil der Website eine Suchfunktion (4). Jakob Nielsen, der viele Usability-Studien durchführte und sich intensiv mit dem Surfverhalten von Websitebesuchern beschäftigte, stellte im Rahmen seiner Studien fest, dass die Suchfunktion ein

---

[23] Abb. 8: Eigene Darstellung in Anlehnung an Böhringer, J. et. Al. (2008), Seite 472
[24] Vgl. Hammer, N. et. Al. (2009), Seite 172

wichtiger Bestandteil einer Website ist und teilweise von bis zu 50 Prozent der Besucher genutzt wird.[25] Auf der Startseite lässt sich außerdem eine seiteninterne Navigation mit Ankerlinks feststellen (5), welche den Interessenten ermöglicht, weitere Informationen zu den umrissenen Themen zu erhalten.

Abbildung 9: Interaktionselemente der Website[26].

3.3.2 Persistente Navigation

Auf der Website wurde eine sogenannte „persistente Navigation" verwendet. Dieser Ausdruck beschreibt einen Satz von Navigationselementen, die auf jeder Seite wiederkehrt und der Website so ein einheitliches Aussehen vermittelt. Eine persistente Navigation befriedigt demnach das Bedürfnis des Nutzers nach zuverlässiger Orientierung und gibt ihm Sicherheit durch ein konsistentes Navigationsangebot (Abbildung 10).[27]

Die persistente Navigation der Website beinhaltet beispielsweise eine Sitekennung, welche die gesamte Seite repräsentiert. Diese besteht bei der

---

[25] Vgl. Hammer, N. et. Al. (2009), Seite 179
[26] Abb. 9: Eigene Darstellung
[27] Vgl. zu diesem Absatz Hammer, N. et. Al. (2009), Seite 174

gewählten Website aus der konsistenten Präsentation des Hochschullogos, welches auf die Startseite verlinkt. Zudem wird auch das Hauptmenü kontinuierlich auf allen Seiten angezeigt. Dieses ermöglicht dem Nutzer sich durch die Sitehierarchie zu navigieren. Ein zusätzlicher Weg zurück zur Startseite neben dem Logo-Rücklink, bietet dem Nutzer die Möglichkeit, jeder Zeit neu anzufangen, auch wenn er sich möglicherweise auf der Site geirrt hat. Zuletzt dient die Darstellung der Suchfunktion dem schnellen Auffinden bestimmter Seiten.

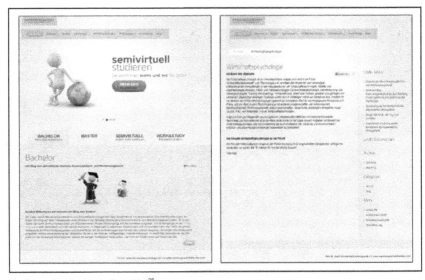

Abbildung 10: Persistente Navigation[28].

3.3.3 Das Navigationslayout

[28] Abb.10: Eigene Darstellung

Das Standardtemplate der Website http://www.marketing-kommunikation-studium.de besteht aus 4 Elementen: Dem Banner, dem Menü, der Page und dem Footer (Abbildung 11).

Im Allgemeinen hat der Banner die Aufgabe, den Firmennamen, die Tätigkeit oder das Themengebiet innerhalb kürzester Zeit visuell darzustellen und zu umschreiben. [30] Der Banner ist bei unserer Website sehr schlicht gehalten und enthält lediglich das Logo der Hochschule für angewandtes Management, welches auf der linken Seite des Banners platziert wurde.

Unterhalb des Banners befindet sich das Menü, welches dem Besucher einen ersten Überblick über die Inhalte der Website ermöglicht. Dieses wurde als Drop-Down-Menü konzipiert, welches den Interessenten eine schnelle und einfache Navigation ermöglicht (Abbildung 12). Bei Mouseover über einen der Navigationspunkte roll sich – wenn vorhanden – ein entsprechendes Untermenü aus. Das Vorhandensein des Untermenüs wird anhand eines kleinen Pfeils visualisiert. So wird die Hierarchie für den Suchenden sofort

---

[29] Abb.11: Eigene Darstellung
[30] Vgl. Gutheim, P. (2008), Seite 29

ersichtlich. Der Vorteil von diesem ausfahrbaren Menü ist, dass es auf der Seite viel Platz spart, da es nur temporär sichtbar ist.[31]

Abbildung 12: Drop-Down-Menü. Das Drop-Down-Menü erleichtert die Bedienung für den Nutzer.

Die Page umfasst den größten Teil der Website und ist primär ausschlaggebend für die Dauer des Aufenthaltes des Besuchers. Der Inhalt der Page wird als „Content" bezeichnet und liefert dem Nutzer den eigentlichen Informationsinhalt. Bei diesem Strukturelement ist eine überschaubare Darstellung der Informationen besonders wichtig, denn der Besucher zieht nur wenig Nutzen aus der Website, wenn er von Informationen überwältigt wird.[32] Bei der Website der Hochschule für angewandtes Management wird die Startseite dazu benutzt, den Besucher zu begrüßen und ihm einen groben Überblick über die Inhalte zu verschaffen. Dazu wird das Angebot der Website kurz umrissen und dem Besucher schmackhaft gemacht – bei bestehendem Interesse kann dieser durch einen Klick auf den „mehr"-Link auf die nächste Seite gelangen und weitere Informationen einholen (Abbildung 13).

---

[31] Vgl. Hammer, N. et. Al. (2009), Seite 182
[32] Vgl. zu diesem Absatz Gutheim, P. (2008), Seite 34

Abbildung 13: Grobe Darstellung des Angebotes auf der Startseite[33]. Bei Interesse können nun über den „Mehr Info"-Button zusätzliche Informationen eingeholt werden.

Hier würde sich jedoch anbieten, den Verweis bei dem entsprechenden Wort einzubinden, denn „sprechende" Verlinkungen sind vor allem für das Suchmaschinen-Ranking relevant, welches in Kapitel 5.1 ausführlicher besprochen wird.

Der Footer enthält in der Regel Informationen über die letzte Änderung, den Webdesigner, einen Verweis auf die AGB, das Impressum und das Copyright.[34] Bei der ausführlichen Analyse der Website ist jedoch auffällig, dass im Footer lediglich ein Verweis auf die Partner der Website gegeben wird (Abbildung 14). Da es bei Webangeboten im Allgemeinen, vor allem aber mit kommerziellem Hintergrund, seit der Ausweitung des Teledienstgesetzes 2001 Pflicht ist, an einer gut sichtbaren Position der Website eine ausführliches Impressum zu positionieren, sollte dies dringend nachgeholt werden[35] – denn ein vorsätzlicher oder fahrlässiger Verstoß gegen §5 TMG kann mit einem Bußgeld von bis zu 50.000 Euro geahndet werden![36]

> Partner: www.dm-werbepsychologie.de und www.werbung-out-of-the-box.com

Abbildung 14: Fehlerhafter Footer der Website.

---

[33] Abb. 13: Screenshot http://www.marketing-kommunikation-studium.de, Abruf 13.09.2013
[34] Vgl. Gutheim, P. (2008), Seite 36
[35] Vgl. http://linksandlaw.info/Impressumspflicht-Notwendige-Angaben.html, Abruf 13.09.2013
[36] Vgl. § 16 II Nr. 1, III Telemediengesetz

4. Gestaltung

Im Rahmen der Gestaltung geht es um die gestalterische Arbeit im Webdesign. Diese betrifft vor allem das optische Erscheinungsbild der Website, so, wie sie auf dem Computerscreen dargestellt wird – man spricht daher auch von dem sogenannten „Screendesign".[37] Nach Hammer und Bensmann geht es dabei „ um das semantische Gestalten in Bezug auf Zielgruppe, Inhalt und Absender, betrifft also die Produktsemantik und Anmutungsgestaltung und somit das emotionale Gestalten".[38] Laut einer Umfrage hat die Gestaltung bei der Websiteentwicklung eine besonders wichtige Stellung, da fast die Hälfte aller User das Design als wichtigen Parameter für die Glaubwürdigkeit einer Website empfindet – daher gilt es den Internetauftritt professionell zu entwickeln und zu gestalten.[39]

4.1 Layoutaufteilung

Bei der Betrachtung der Layoutaufteilung ist auffällig, dass der sogenannte „Goldene Schnitt" auf der Website keinerlei Anwendung findet. Der Goldene Schnitt ist das bekannteste Proportionsgesetz, welches sich als harmonische Proportion in der Natur, Architektur, Fotografie und Kunst wiederfindet.[40] Wenn Websites unter Beachtung des Goldenen Schnitts aufgebaut werden, erfüllen sie bei den Betrachtern das Gefühl von Harmonie und Ästhetik – aus diesem Grund ist zu empfehlen, die Aufteilung des Layouts entsprechend anzupassen. Zudem ist auch die Wahl des Formates ungünstig, da durch den schmalen Aufbau vertikales Scrollen erforderlich ist und so der untere Teil der Website gegebenenfalls nicht wahrgenommen wird. Die derzeitige Bildschirmauflösung beträgt 1024 x 768 Pixel – daher sollte auch die Website auf diese Auflösung ausgerichtet werden.[41]

Die Wichtigkeit eines ansprechenden Designs belegen außerdem „Eyetracking Studien". Danach richten Besucher ihr Augenmerk auf Grafikelemente am oberen Rand und wandern zum unteren rechten Rand weiter.[42] Aus diesem Grund wurde bei der zu analysierenden Website das Hochschullogo im oberen linken Rand der Website positioniert, da dieses ausschlaggebend für die Identifikation der Website ist.

---

[37] Vgl. Hammer, N. et. Al. (2009), Seite 194
[38] Vgl. Hammer, N. et. Al. (2009), Seite 195
[39] Vgl. Gutheim, P. (2008), Seite 99
[40] Vgl. Hoffmann, N. (2012), Seite 62
[41] Vgl. http://elearning-ss11.fham.de/moodle/pluginfile.php/372217/mod_resource/content/1/ wd_praesenz_1.pdf, S. 32, Abruf 13.09.2013
[42] Vgl. Gutheim, P. (2008), Seite 42

4.2 Bildschirmtypografie

Während die Wahl der Schrift für Printmedien ausschließlich gestalterischen Kriterien unterliegt, erweist sich die Verwendung von Schriften in digitalen Webseiten als problematisch. Der Grund hierfür liegt in der geringen Auflösung des Monitors: Während Printmedien standardmäßig mit einer Auflösung von 300 dpi gedruckt werden, liegt die Auflösung einer Website bei 72 oder 96 dpi.[43] Um die Lesbarkeit der Schriften zu erhöhen, werden im Webdesign vorwiegend Serifenlose Schriften verwendet – ganz im Gegenteil zum Printdesign. Dort ermöglichen Serifenschriften dem Leser durch das verbundene Schriftbild die Zeile besser zu halten und tragen somit zur verbesserten Lesbarkeit bei.[44] Der Grund hierfür liegt in der bereits erwähnten Auflösung: Serifenbehafteter Schriften sind für die Feinheiten des Drucks und nicht für die vergleichsweise plumpe Darstellung auf dem Bildschirm entwickelt worden. Daher besteht die Gefahr, dass Serifenbehaftete Schriften bei der Darstellung auf dem Bildschirm in ihren Serifen zusammenwachsen und so die Lesbarkeit verschlechtern.

Abbildung 15: Gegenüberstellung einer Serifenschrift und einer serifenlosen Schrift[45].

Aus diesem Grund wurde auf der Website http://www.marketing-kommunikation-studium.de/ für längere Texte die serifenlose Schrift „Arial" verwendet, welche

---

[43] Vgl. Böhringer, J. et. Al (2008), Seite 144 ff.
[44] Vgl. Gutheim, P. (2008), Seite 85
[45] Abb. 15: Eigene Darstellung in Anlehnung an Gutheim, P. (2008), Seite 86

zusammen mit der Schrift „Helvetica" die am meisten verwendete Schrift im Web darstellt.

4.3 Farbgestaltung

Bei der Gestaltung spielen Farben eine entscheidende Rolle und werden deshalb gezielt eingesetzt. Sie sollen den Wahrnehmungs- und Gedächtniswert erhöhen, die Wiedererkennung von Produkten garantieren und natürlich zur Imagebildung beitragen. Besonders relevant für die Analyse sind die Aspekte der Farbwirkung und Farbkontraste, auf welche im Folgenden näher eingegangen wird.

4.3.1 Farbwirkung

Die Wahrnehmung von Farben ruft bei uns Menschen Assoziationen und sogar Emotionen hervor.[46] Wenn man sich mit der Wirkung der Farben auseinandersetzt, stellt man fest, dass dies sich größtenteils auf der psychologischen Ebene abspielt. So ist Blau beispielsweise die Lieblingsfarbe von 40 Prozent der Männer und von 36 Prozent der Frauen - nur unter 2 Prozent der Befragten mögen die Farbe gar nicht.[47] Blau ist demnach die Farbe, mit der die meisten Personen positive Gedanken und Gefühle verbinden. Aber warum ist das so?

Menschen assoziieren mit Farben verschiedene Gefühle oder Werte - dabei muss man jedoch bedenken, dass Farbempfindungen aufgrund der überlieferten Symboldeutungen der Farben und der damit verbundenen Assoziationen stark vom jeweiligen Kulturkreis abhängig sind. Im Webdesign wird die Farbsymbolik in erster Linie angewendet, um bestimmte Vorstellungen beim Anblick einer Website im Betrachter zu wecken. Unterschwellig sollen die verschiedenen Farbeindrücke bestimmte Bedeutungen zuweisen oder Aussagen unterstützen. Dabei muss beachtet werden, dass eine einzige Farbe viele unterschiedliche, manchmal sogar widersprüchliche Wirkungen erzielen kann (Abbildung 16).

[46] Vgl. Böhringer, J. et. Al. (2008), Seite 442
[47] Vgl. Heller, E. (2005), Seite 23

Farbe	Farbsymbolik
Gelb	Sonne, Helligkeit, Modernität, Gift, Neid, Optimismus, Sauberkeit
Orange	Energie, Wärme, Unruhe, Innovation, Dynamik, Spaß, Vergnügen, Künstlichkeit
Rot	Liebe, Energie, Blut, Krieg, Leidenschaft, Gefahr, Wärme, Feuer, Aggressivität
Grün	Hoffnung, Natur, Gift, Frühling, Ruhe, Gesundheit, Erholung
Cyan	Sachlichkeit, Kühle, Frische, Sportlichkeit, Winter, Jugendlichkeit, Distanz
Blau	Technik, Natur, Wasser, Gelassenheit, Kühle, Ruhe, Ferne, Seriosität, Unendlichkeit
Magenta	Jugendlichkeit, Romantik, Dynamik, Wärme, Weiblichkeit, Kommunikation
Violett	Extravaganz, Feminismus, Macht, Außergewöhnlichkeit, Magie, Modernität, Nostalgie
Weiß	Sauberkeit, Sachlichkeit, Gespenst, Schnee, Helligkeit, Wahrheit, Seriosität
Grau	Sachlichkeit, Wahrheit, Seriosität, Neutralität, Technik
Schwarz	Geheimnis, Tradition, Macht, Sachlichkeit, Kraft, Dunkelheit, Seriosität

Abbildung 16: Verschiedene Farbsymboliken[48].

Bei der zu analysierenden Website wird überwiegend mit der Farbe Grau gearbeitet, durch welche der Besucher die Website mit den Begriffen Sachlichkeit und Seriosität assoziieren soll. Akzente werden durch die Farbe Blau gesetzt, welche ebenfalls Seriosität ausstrahlt. Die Farben wurden hier bewusst gewählt um die Vorstellung zu vermitteln, es handle sich um eine seriöse und qualitative Hochschule.

4.3.2 Farbkontraste

Farben stehen niemals alleine sondern bilden immer einen Kontrast zum umgebenen Hintergrund. Besonders wichtig ist hier der Kontrast zwischen Text und Hintergrund, da dieser maßgeblich die Benutzerfreundlichkeit der Website beeinflusst. Da das Lesen am Bildschirm deutlich anstrengender ist als auf Papier, muss beim Screendesign auf ausreichend hohe, aber nicht zu hohe Kontraste geachtet werden.[49] Generell gilt, dass starke Kontraste das Auge beim Lesen stärker ermüden als etwas weniger starke – aus diesem Grund wurde bei der Website der Hochschule aus ergonomischen Gesichtspunkten ein sogenannter Unbuntkontrast gewählt, nämlich dunkles Grau auf hellgrauem Untergrund.

---

[48] Eigene Darstellung in Anlehnung an Böhringer, J. (2008), Seite 16. ff.
[49] Vgl. Böhringer, J. et. Al. (2008), Seite 441

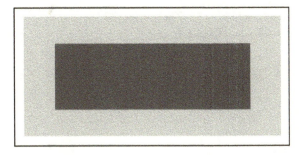

Abbildung 17:
Unbuntkontrast zwischen
Hintergrund und Text.[50]

4.3.3 Bildkonzept

Das Internet wäre nicht das, was es heute ist, wenn es keine Bilder gäbe. Nach Hammer und Bensmann transportieren grafische und fotografische Darstellungen Informationen meist um ein Vielfaches schneller und genauer als textliche Beschreibungen, weil sie einen höheren Aufmerksamkeitswert hervorrufen und somit vorrangig der kognitiven Verarbeitung zugeführt werden.[51] Auf der Website http://www.marketing-kommunikation-studium.de/ wurde ein einheitliches Bildkonzept verwendet, indem verschiedene Illustrationen in Form eines Männchens zu jedem Menüpunkt entworfen wurden (Abbildung 18).

Abbildung 18:
Bildkonzept der Website[52].

Die Grafiken sollen die Textinformationen unterstützen, die Website auflockern und so eine angenehme Atmosphäre schaffen. Durch den konsequenten Einsatz dieser Grafiken entsteht ein harmonisches Gesamtbild und unterstützt

---

[50] Abb. 17: Eigene Darstellung
[51] Vgl. Hammer, N. (2009), Seite 215
[52] Abb. 18: Eigene Darstellung

das Zurechtfinden der Besucher. Auf Buttons oder zusätzliche Icons wurde bei der Gestaltung der Website weitestgehend verzichtet. Eine Ausnahme befindet sich auf der Startseite: Hier werden vereinzelt Buttons dargestellt, durch welche der Benutzer verschiedene Aktionen ausführen kann. Beispielsweise wird durch einen Klick auf das Element eine neue Seite aufgerufen, welche zusätzliche Informationen zu dem Thema enthält.

Abbildung 19: Button auf der Startseite, um weitere Informationen zu erhalten[53].

5. Promotion

Selbst die beste Website bringt keinen Nutzen, wenn sie niemandem bekannt ist – daher ist die Vermarktung ein elementarer Bestandteil der Websiteentwicklung. In diesem Abschnitt steht vor allem die Suchmaschinenoptimierung im Mittelpunkt der Analyse.

5.1 Suchmaschinenoptimierung

Suchmaschinenoptimierung oder Search Engine Optimization (SEO) bezeichnet Maßnahmen, die dazu dienen, dass Webseiten im Suchmaschinenranking in den unbezahlten Suchergebnissen, sogenannten Natural Listings, auf höheren Plätzen erscheinen. Google ist dabei die mit Abstand populärste Suchmaschine im Internet: Etwa 1,2 Milliarden Suchanfragen werden tagtäglich von Google bearbeitet[54]. Mit einer Listung in den Google Suchergebnissen können Produkte und Dienstleistungen zielgruppengerecht potenziellen Kunden angeboten werden. Google hilft also nicht nur Unternehmen dabei, die Website zu bewerben, sondern hilft jedem, der nach Produkten und Dienstleistungen sucht, auch die passende Webseite zu finden. Beispielsweise suchen monatlich in Deutschland etwa 14800 Internetnutzer mit der Suchanfrage „Marketing studieren" nach Studienangeboten. Google bietet 12.300.00 Suchergebnisse, allerdings belegen diverse Eyetracking-Studien, dass nur die vordersten Einträge wirklich wahrgenommen und angeklickt werden (Abbildung 20).

---

[53] Abb. 19: Screenshot http://www.marketing-kommunikation-studium.de/, Abruf 13.09.2013
[54] Vgl. http://www.suchmaschinenkompetenz.de/Das-Unternehmen-Google-Suchmaschinenkompetenz.htm, Abruf 13.09.2013

Das Ziel ist daher, ein besseres Suchmaschinen-Ranking für die Website zu erhalten.

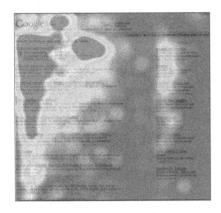

Abbildung 20: Eyetracking-Studie zur Google-Suche.[55]

Da die Hochschule mit der Website http://www.marketing-kommunikation-studium.de derzeit nicht in den Suchergebnissen erscheint, und auch keine Anzeigen schaltet, verpasst sie die Chance, ihr Angebot mehreren Hundert potenziellen Studenten genau dann anzubieten, wenn diese gezielt danach suchen.

SEO gehört heute zu einem adäquaten Webauftritt dazu. Mit einer optimierten Suchmaschinenanpassung werden nicht nur mehr Besucher auf die Website gezogen, sondern die Website wird auch bekannter gemacht. Daher werden nun im Folgenden einige SEO-Maßnahmen aufgezeigt, anhand derer das Suchmaschinen-Ranking verbessert werden kann. Dabei wird die Suchmaschinenoptimierung in Analyse, Onsite-Optimierung und Offsite-Optimierung unterteilt. Da die Offsite-Optimierung den Rahmen dieser Studienarbeit sprengen würde, wird im Folgenden auf eine detaillierte Bearbeitung dieses Aspektes verzichtet.

5.1.1 Analyse

---

[55] Abb.20: http://usability-tips.com/wp-content/uploads/2013/06/web-usability-measured-eye-tracking-mechanism.jpg, Abruf 13.09.2013

Im Rahmen der Analyse gilt es herauszufinden, wie die potenziellen Neukunden „googeln". Die Keyword Analyse ist daher einer der wichtigsten aber zugleich auch oft am meisten vernachlässigten Schritte für ein erfolgreiches Ranking bei Suchmaschinen. Als Keywords bezeichnet man die Schlagworte, zu denen man bei Google gefunden werden möchte, bzw. die Suchworte, die die potenziellen Interessenten eingeben.[56] Am Anfang jeder Suchmaschinenoptimierung werden demnach bestimmte Keywords definiert. Dabei ist abzuwägen, ob die Website auf ein einziges Keyword auslegt werden soll oder auf eine Keyword Kombination. Die Auslegung auf eine Keyword Kombination ist zum einen bedeutend einfacher als auf ein einziges Keyword und zudem wird bei Google nur zu 22% nach einzelnen Keywords, dagegen Kombinationen mit 2 Keywords zu 30% und Keyword Kombinationen mit 3 Keywords zu 24% gesucht.[57] Um die optimalen Keywords für die Website ausfindig zu machen, wurden diese mit Hilfe von Google Adwords ermittelt. Diese können in Form einer Tabelle in Abbildung 21 abgelesen werden.

---

[56] Vgl. Weinand, K. (2013), Seite 93 f.
[57] Vgl. http://www.webseo.biz/seo-tipps/keyword-analyse/, Abruf 13.09.2013

Keyword	Wettbewerb	Monatliche globale Suchanfragen	Lokale Suchanfragen pro Monat (Deutschland)
ba studium	0,48	18100	18100
bachelor of arts	0,44	201000	40500
bachelor studium	0,59	33100	27100
berufsbegleitend studieren	0,95	27100	22200
berufsbegleitendes studium	0,94	33100	27100
bewerbung duales studium	0,31	12100	12100
dual studieren	0,72	22200	18100
duales masterstudium	0,91	1900	1900
duales studium	0,77	33100	33100
duales studium firmen	0,86	5400	5400
duales studium marketing	0,96	1600	1600
duales studium medien	0,92	2900	2900
fachhochschule	0,08	3350000	2740000
fernstudium	0,89	368000	301000
fernstudium bachelor	0,96	12100	12100
fernstudium master	0,97	18100	18100
kommunikation studieren	0,84	12100	9900
kommunikation studium	0,84	14800	12100
management studieren	0,93	90500	74000
marketing kommunikation studium	0,97	1300	1000
marketing studieren	0,96	14800	14800
marketing studium	0,95	22200	18100
marketingkommunikation	0,34	22200	22200
master marketing	0,74	135000	12100
master wirtschaftspsychologie	0,85	3600	3600
medien studieren	0,9	22200	22200
online studium	0,47	18100	14800
studieren	0,47	1830000	1830000
studieren mit kind	0,13	8600	5400
studieren ohne abitur	0,9	22200	22200
studium	0,45	4090000	2240000
warum marketing studieren	0,96	14800	14800
was ist bachelor	0,15	7480000	1220000
was studieren	0,47	1830000	1830000
werbung studium	0,71	2400	1900
wirtschaftspsychologie	0,65	40500	40500
wirtschaftspsychologie fernstudium	0,98	1900	1900
wirtschaftspsychologie master	0,85	3600	3600
wirtschaftspsychologie studium	0,85	8100	6600
wirtschaftspsychologie wo studieren	0,91	6600	5400

Abbildung 21: Auflistung der relevanten Keywords für den Blog[58].

Bei der Auswahl der Keywords ist es wichtig unterschiedliche Schreibweisen zu berücksichtigen, wie beispielsweise Singular, Plural oder auch Synonyme. Denn in der Regel nutzen die potenziellen Besucher nicht den Begriff, den das Unternehmen

---

[58] Abb. 21: Eigene Darstellung

als erstes im Kopf hat.[59] Die ausgewählten Keywords sollten anschließend im Title-Tag, im Description-Tag, in der Ziel-URL, einmal in einer h2 ausgezeichneten Überschrift und ein paar Mal im Text untergebracht werden. Dabei empfiehlt sich eine Keyword-Density von etwa drei bis vier Prozent.[60]

5.1.2 Onsite-Optimierung

Unter Onsite-Optimierung werden alle SEO-Maßnahmen verstanden, die auf der Website durchgeführt werden. Sie dient der Verbesserung der technischen und inhaltlichen SEO-Kriterien.[61]

5.1.2.1 Verwendung von Meta-Tags

Mit Meta-Tags können Informationen über die Website für Suchmaschinen bereitgestellt werden. Als besonders relevant für die Suchmaschinenoptimierung sind hierbei die Meta-Tags „title" und „description".

Der Tag „title" im Header des HTML-Codes ist die wohl wichtigste Meta-Information und beschreibt sowohl Nutzern als auch Suchmaschinen, wovon die jeweilige Seite handelt. Hier ist es wichtig, einen einzigartigen Titel zu wählen, da dieser Google dabei hilft zu erkennen, dass sich die Seite von anderen Seiten der Website unterscheidet. Zu beachten ist, dass der Inhalt des Title-Tags in den Suchergebnissen angezeigt wird: Wenn due Website in den Suchergebnissen auftaucht, erscheint der Inhalt der Title-Tags normalerweise als erste Zeile in den Ergebnissen (Abbildung 22). Daher sollte der Titel mit Bedacht gewählt werden, da dieser den Nutzern hilft festzustellen, wie relevant die Website für seine Suche ist. Er kann zwischen 50 und 70 Zeichen lang sein[62].

---

[59] Vgl. Erihofer, S. (2012), Seite 95

[60] Vgl. http://www.springerprofessional.de/seo-teil-3-keyword-dichte-in-web-texten/2902168.html, Abruf 13.09.2013

[61] Vgl. http://www.onsite-optimierung.de/2009/01/11/onsite-optimierung-%e2%80%93-einfuhrung-begriffsklarung/#more-7, Abruf 13.09.2013

[62] Vgl. http://s1-suchmaschinenoptimierung.de/meta-tags/, Abruf 13.09.2013

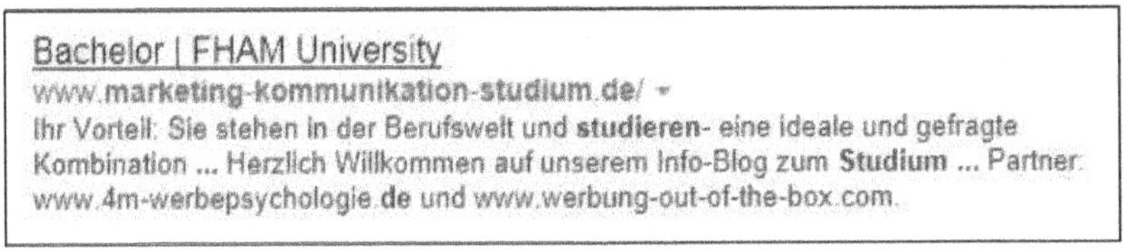

Bachelor | FHAM University
www.marketing-kommunikation-studium.de/ ▾
Ihr Vorteil: Sie stehen in der Berufswelt und **studieren**- eine ideale und gefragte
Kombination ... Herzlich Willkommen auf unserem Info-Blog zum **Studium** ... Partner:
www.4m-werbepsychologie.de und www.werbung-out-of-the-box.com.

Abbildung 22: Ansicht in den Suchergebnissen: Mit Eingabe der Internetadresse der Website in der Suchmaschine, erscheint diese folgendermaßen in den Google-Suchergebnissen[63].

Der Meta-Tag „description" einer Seite gibt der Suchmaschine eine Zusammenfassung darüber, wovon eine Seite handelt. Der Nutzen dieser Beschreibungen liegt darin, dass Google diese als Snippets für die Seite benutzen könnte, falls es keinen relevanten Textauszug – welcher mit der Suche des Nutzers übereinstimmt – finden kann. Snippets dienen dazu, jedes Ergebnis möglichst treffend zu kennzeichnen und zu beschreiben.[64] Mit Hilfe der Description kann die Suchmaschine also über den Inhalt der Seiten informieren und gleichzeitig die Darstellung in den Suchergebnissen beeinflussen (Abbildung 22). Eine gute Meta-Tag-Description kann die Klickrate in den Suchergebnissen nachweislich erhöhen. Die maximale Zeichenanzahl für diesen Tag beträgt 155 Zeichen[65] und soll die Neugierde der Interessenten wecken.

---

[63] Abb.22: Screenshot https://www.google.de/#q=http:%2F%2Fwww.marketing-kommunikation-studium.de%2F, Abruf 13.09.2013
[64] Vgl. https://support.google.com/webmasters/answer/35624?hl=de, Abruf 13.09.2013
[65] Vgl. http://s1-suchmaschinenoptimierung.de/meta-tags/, Abruf 13.09.2013

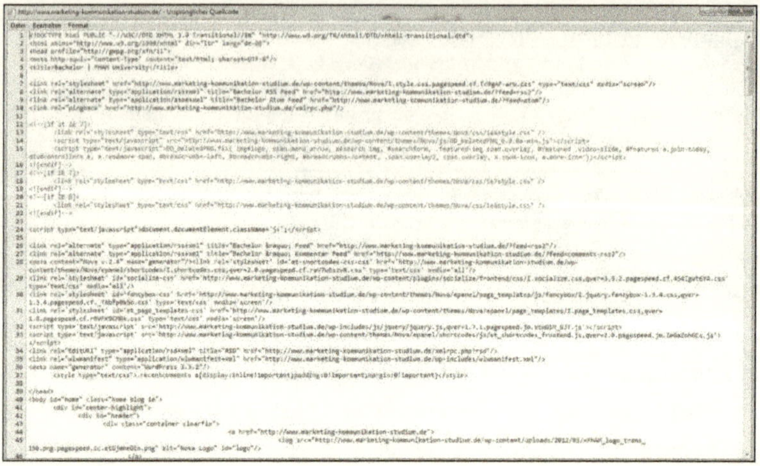

Abbildung 23: HTML-Quellcode der Startseite[66].

Bei der Betrachtung des Quellcodes (Abbildung 23) der Startseite des Blogs fällt auf, dass der Meta-Tag „description" nicht verwendet wurde, sodass sich weder Suchmaschinen noch die Interessenten darüber informieren können, wovon die Seite handelt. Aufgrund der fehlenden Description verwendet Google einen Textauszug der Webseite als Snippet – dieser wirkt jedoch wenig einladend und wird wohl kaum die Neugierde des Suchenden wecken (Abbildung 22). Auch der Titel „Bachelor | FHAM University" ist nicht geeignet, um den Nutzer davon zu überzeugen, dass seine Suche ein Ende hat. Der Titel sticht dem Suchenden als erstes ins Auge und sollte daher möglichst mit den Keywords des Nutzers übereinstimmen – allerdings wird kaum ein Nutzer auf der Suche nach einem geeigneten Studiengang die Keywords „Bachelor" und „FHAM University" in die Suchmaschine eingeben. Aus diesem Grund sollte die Auswahl des Titels überdacht und durch eine aussagekräftigere Description ersetzt werden, welche den Suchenden dazu veranlasst, die Website zu besuchen.[67]

---

[66] Abb. 23: Screenshot http://www.marketing-kommunikation-studium.de/, Abruf 13.07.2013
[67] Vgl. ganzes Kapitel
https://static.googleusercontent.com/external_content/untrusted_dlcp/www.google.de/de/de/webmasters/docs/einfuehrung-in-suchmaschinenoptimierung.pdf, Seite 4 ff., Abruf 13.09.2013

5.1.2.2 Interne Verlinkung

Ein wichtiger Faktor im Rahmen der SEO sind interne Verlinkungen. Damit sind Links gemeint, die nicht auf eine externe Website, sondern auf die eigene Website verweisen. Der Grund, weshalb Links für die Webseite von Vorteil sind ist, dass Google davon die Bedeutung und Relevanz der jeweiligen Seite ableitet. Denn eine Seite, die ordentlich verlinkt ist, gilt als wichtiger und relevanter für den Nutzer, als jene, die irgendwo auf der Webseite versteckt eingebaut ist. Ein Beispiel hierfür ist die bereits in Kapitel 3.1 erwähnte Verlinkung innerhalb der Navigation oder die Verwendung von sogenannten Brotkrumen. Die Navigation ist wichtig um sowohl Besuchern zu helfen, jenen Content zu finden den sie suchen, als auch um Suchmaschinen dabei helfen nachzuvollziehen, was der Webmaster als wichtig erachtet. Im Rahmen der Suchmaschinenoptimierung ist wichtig, dass für die Navigation ausschließlich Text verwendet wird, denn dies vereinfacht der Suchmaschine das Crawlen und Verstehen der Website.

Auch wenn sich innerhalb des Inhalts wiederum Links befinden, ist dies für Google ein Indiz für hohe Relevanz. Hier ist das Verfassen von guten Linktexten wichtig, denn je besser der Linktext ist, desto einfacher fällt den Nutzern die Navigation und desto besser versteht Google, wovon die Seite, auf die verlinkt wird, handelt. Diese Linktexte sollten eine explizite Vorstellung davon vermitteln, um was es bei der verankerten Seite geht und entsprechend formatiert werden, damit die Nutzer einfach zwischen normalem Text und dem Ankertext des Links unterschieden können. Es wird davon abgeraten Verlinkungen einzusetzen wie „dann klicken Sie hier" oder – wie auf der Website unter der Rubrik Anmeldung verwendet – „[...] wenden Sie sich bitte über diesen ANMELDUNG-LINK an unserer Fachhochschule für angewandtes Management." – denn „Anmeldungs-Link" ist ein allgemeingültiger Begriff und niemand wird unter dieses Keyword bei Google eintippen, um etwas über die Anmeldung zum Studium Kommunikations- und Werbemanagement zu erfahren (Abbildung 24). Sinnvoller ist es daher, entsprechende Keywords aus Abbildung 21 zu verlinken, damit die Suchmaschine die verlinkte Seite auch einem entsprechenden Thema zuordnen kann. Je genauer die Schlagworte für die Links gewählt werden, desto detaillierter wird die Suchmaschine über den Inhalt informiert, auf den verwiesen wird.

Abbildung 24: Ankertext auf der Website[68].

5.1.2.3 Sitemap

Unter Sitemap wird eine Auflistung und Darstellung aller Seiten und Unterseiten verstanden, die auf der Webseite vorhanden sind. Dabei kann zwischen dargestellter HTML-Sitemap und XML-Sitemap unterschieden werden.

Es empfiehlt sich sowohl eine HTML- als auch eine XML-Sitemap zu verwenden: Eine HTML-Sitemap hilft Usern den gesuchten Content schnell zu finden, während eine XML-Sitemap dazu dient, dass Crawler und Bots die Struktur der Seite schneller erkennen und verstehen. Die XML-Sitemap ist somit für Suchmaschinen die wichtigere Sitemap, kann eine Vielzahl von Informationen beinhalten und gibt der Suchmaschine einen guten Überblick über alle Seiten, die der Webmaster indizieren möchte.[69]

5.1.2.4 Content

Der wichtigste Onsite-Faktor ist der Content der Website, denn nützlicher, fesselnder und vor allem regelmäßig erscheinender Content wird die Webseite

---

[68] Abb. 24: Screenshot http://www.marketing-kommunikation-studium.de/?page_id=10, Abruf 13.09.2013
[69] Vgl. ganzer Absatz
https://static.googleusercontent.com/external_content/untrusted_dlcp/www.google.de/de/de/webmasters/docs/einfuehrung-in-suchmaschinenoptimierung.pdf, Seite 11, Abruf 13.09.2013

stärker beeinflussen als alle anderen Faktoren.[70] Korrekte Keywords, Lesefluss, Keyword-Dichte, Textlänge und Textformatierung: All diese Faktoren wertet Google aus, um den Nutzern nur diejenigen Portale aufzuzeigen, die für ihn einen relevanten Nutzwert bieten. Textinhalte, Bilder, Videos und andere Informationen werden nicht nur vom Webseitenbesucher, sondern auch von Google indexiert und wahrgenommen.

Bei dem Verfassen des Contents ist vor allem darauf zu achten, dass Google einen Zusammenhang zwischen den täglichen Suchanfragen und den Inhalten der Website findet. Dabei gilt, je besser der Content zu den Suchbegriffen passt, nach denen der Nutzer sucht, desto besser wird der Blog in den Suchergebnissen gerankt. Aus diesem Grund ist es wichtig, dass die in Kapitel 5.1.1 aufgelisteten Keywords im Text auftauchen – und zwar genau so, wie bei Google gesucht werden! Dabei gilt, je weiter vorne ein Keyword steht, desto wichtiger wird es von den Suchmaschinen gewertet.[71] Aus diesem Grund sollte auf unnötige Begrüßungsfloskeln und lange Einleitungen verzichtet werden. Außerdem ist auch der Satzbau für das Crawlen von Bedeutung, denn Suchmaschinen berücksichtigen Wortstämme entweder gar nicht oder nur mit schwacher Gewichtung. Dabei ist darauf zu achten, durch einen ungeschickten Satzbau keinen Genetiv oder andere ungünstige Wortformen zu erzeugen.[72]

Zudem empfiehlt sich, einen Bereich für „Frequently Asked Questions" – oder kurz FAQ – zu erstellen, da so die Suchanfragen der Nutzer berücksichtigt werden und die Interessenten die Informationen erhalten, die sie benötigen. So wird den potenziellen Studenten einen Mehrwert gegeben, die Hochschule zeigt ihre Fachkompetenz und ganz nebenbei wird ein besseres Ranking in den Suchmaschinen erzielt - denn viele Anwender googlen nicht einzelne Schlüsselwörter, sondern spezifische Fragen.

Der jedoch wichtigste Punkt ist, Content nicht in Grafiken, Word-Dateien, Flash oder anderen – für Suchmaschinen unlesbaren Datei-Formaten zu verstecken![73]

---

[70] Vgl.https://static.googleusercontent.com/external_content/untrusted_dlcp/www.google.de/
de/de/webmasters/docs/einfuehrung-in-suchmaschinenoptimierung.pdf, Seite 14, Abruf 13.09.2013
[71] Vgl. http://suchmaschinenoptimierung.michaelsattler.de/inhalt.html, Abruf 13.09.2013
[72] Vgl. http://www.european-business-connect.de/blog/archives/34, Abruf 13.09.2013
[73] Vgl. http://suchmaschinenoptimierung.michaelsattler.de/inhalt.html, Abruf 13.09.2013

5.1.2.5 Bilder

Zu beachten ist, dass Suchmaschinen nur Texte lesen können. Aus diesem Grund sollte kein Text – insbesondere wichtige Suchbegriffe – in Grafiken und Bildern versteckt werden. Um dies zu optimieren sollte für Grafiken immer einen sprechender Dateiname sowie ein aussagekräftiger Alternativtext gewählt werden, welcher den Inhalt im Kontext beschreibt und von Suchmaschinen ausgelesen werden kann.

Mit dem Alternativtext, den man im Alt-Attribut hinterlegt, informiert man den Crawler der Suchmaschinen über die Angaben, die das Bild enthält. Zudem enthalten die Seiten dadurch weiteren themenrelevanten Inhalt, welchen die Suchmaschinen zusätzlich auswerten und indizieren. Dies ist auch dann wichtig, falls das Bild aus irgendeinem Grund nicht dargestellt werden kann, wie beispielsweise in einem Browser der keine Bilder unterstützt und bei der Benutzung eines Screenreaders. Aus diesem Grund sollte der Alternativtext kurz und prägnant die wesentliche Bildaussage beschreiben; bei Buttons muss der Alternativtext die Funktion des Buttons übernehmen.[74]

Auch der Bild-Titel kann sich auf die Indexierung in der Suchmaschine auswirken. Um hier eine positive Ressonanz zu erhalten ist es wichtig, den Bildtitel mit dem Tag „title" suchmaschinenfreundlich und vor allem ansprechend darzustellen.

In Abbildung 25 ist zu sehen, dass diese beiden wesentlichen Kriterien zur Optimierung von Bildern auf der Website http://www.marketing-kommunikation-studium.de/ nicht ausreichend umgesetzt wurden. Auf einen alternativen Text wurde komplett verzichtet und der gewählte Bildtitel „Freiheit_Semi" ist wenig hilfreich für Suchmaschinen und Webseitenbesucher.

```
<p><a href="https://uaifmvhf.4m-media.net/wp-content/uploads/2012/02/Freiheit_Semi.png"><img
class="aligncenter size-medium wp-image-394" title="Freiheit_Semi" src="https://uaifmvhf.4m-
media.net/wp-content/uploads/2012/02/Freiheit_Semi-300x208.png" alt="" width="300" height="208"/></a>
Die FHAM-Lernplattform dient zugleich auch als Kommunikationsplattform über die Sie sich mit
Mitstudenten, Kurs- und Studienbetreuern, Modulverantwortlichen und Professoren austauschen. Es ist
immer wieder faszinierend, wie klein die Weltund wie eng der Kontakt zu den Lehrenden durch die
gezielte Nutzung der digitalen, internetbasierten Instrumente wird.</p>
```

Abbildung 25: HTML-Quellcode der Subsite „Örtliche Flexibilität"[75].

---

[74] Vgl. Böhringer, J. et. Al. (2008), Seite 483
[75] Abb.25: Screenshot http://www.marketing-kommunikation-studium.de/?page_id=232, Abruf 13.09.2013

Den Bildern auf der Website sollten außerdem entsprechende Dateinamen gegebenen werden. Auf diese Weise wird das Bild häufiger in den Bild-Suchergebnissen angezeigt, da die richtige Zuordnung geschaffen wurde. Das Bild wird in den Bildsuchergebnissen also in der Regel nur dann angezeigt, wenn der Bildname auch das gesuchte Keyword enthält.[76] Durch die Darstellung der Bilder in den Bildsuchergebnissen besteht die Möglichkeit, dass die Website in den Suchergebnissen gemeinsam mit den passenden Bildern erscheint – so fällt die Webseite zusätzlich auf und wird öfter angeklickt. Auch dies ist bisher noch nicht entsprechend umgesetzt worden: Auf der Webseite sind Bilder mit Dateinamen wie „xmann-rechts.png.pagespeed.ic.pIBUv1Khic.png" (Abbildung 26) oder „Freiheit_Semi-300x208.png" (Abbildung 27) zu finden.

Abbildung 26: Bildeigenschaften einer Grafik (Startseite)[77].

---

[76] Vgl. http://www.konzeptionist.at/seosem/bilder-seo-traffic-google-bildersuche/, Abruf 13.09.2013
[77] Abb.26: Screenshot http://www.marketing-kommunikation-studium.de/, Abruf 13.09.2013

Abbildung 27: Bildeigenschaften einer Grafik (Subsite „Örtliche Flexibilität")[78].

Zuletzt sollte die Größe der Bilddateien im Auge behalten werden, denn Suchmaschinen verschlucken sich regelmäßig an zu großen Bilddateien (>100 KB). Bezüglich der Bildformate ist empfehlenswert, nur die gängigen Webformate (JPEG, PNG, GIF) zu verwenden, da dies den Crawlern das Lesen der Seite erleichtert.

5.1.2.6 URLs

Für die Website wurde eine aussagekräftige Internetadresse gewählt, welche auf das Thema der Webseite schließen lässt: www.marketing-kommunikation-studium.de. Hier wurden alle relevanten Aspekte beachtet, denn in der URL sind die wichtigen Keywords enthalten und mit einem Bindestrich voneinander getrennt, damit Suchmaschinen diese erkennen können.[79] Die Webseite besteht jedoch nicht nur aus einer einzigen Startseite, sondern enthält zusätzlich Unterseiten. Die Bezeichnungen dieser URLs sagen derzeit nichts über den Inhalt der Unterseiten aus und sind somit für das Suchmaschinen-Ranking nicht förderlich. So existieren beispielsweise URLs wie „http://www.marketing-kommunikation-studium.de/?page_id=230" oder „http://www.marketing-kommunikation-studium.de/?cat=1" welche weder Menschen noch Suchmaschinen erkennen lassen, ob sich der Inhalt einer Subseite möglicherweise mit dem Suchwort eines potenziellen Interessenten deckt. Daher

---

[78] Abb.27: Screenshot http://www.marketing-kommunikation-studium.de/?page_id=232, Abruf 13.09.2013
[79] Vgl. http://www.seo-united.de/onpage-optimierung/, Abruf 13.09.2013

ist zu empfehlen, die URLs der Unterseiten ebenfalls „sprechend" darzustellen, denn mit aussagekräftigen URLs kann jeder Mensch und jede Suchmaschine rascher erkennen, wie relevant der Inhalt für die Suchanfrage ist. Potenzielle Besucher könnten durch extrem lange und nichtssagende URLs abgeschreckt werden, denn diese wirken auf den Besucher verwirrend und wenig einladend.[80] So entstehen Probleme, sich die URLs zu merken oder dazu zu verlinken.

5.1.3 Offsite-Optimierung

Unter Offsite-Optimierung werden alle SEO-Maßnahmen verstanden, welche außerhalb der Website durchgeführt werden. Das übergeordnete Ziel aller Maßnahmen in der Offsite-Optimierung ist es, möglichst viele hochwertige Links auf die eigene Seite zu erhalten – denn je mehr Links von fremden Webseiten auf ihre Webseite zeigen, je höher stuft sie eine Suchmaschine in der Wichtigkeit ein.[81] Eine gängige Vorgehensweise ist es, sich in PR-vererbende Webkataloge und Bookmarkportale einzutragen. Gerade letzteres macht Sinn, weil Sie von diesen Bookmarkportalen auch wertvolle Nutzer bekommen.

---

[80] Vgl. http://www.cabanova.com/help/de/Knowledgebase/Article/View/1161/223/verbessert-die-struktur-eurer-urls, Abruf 13.09.2013
[81] Vgl. http://www.onsite-optimierung.de/2009/01/11/onsite-optimierung-%e2%80%93-einfuhrung-begriffsklarung/#more-7, Abruf 13.09.2013

6. Fazit und Ausblick

Die vorliegende Ausarbeitung beinhaltet eine umfassende Analyse der Website http://www.marketing-kommunikation-studium.de/. Dabei gliedert sich die Analyse in drei Bereiche: Begonnen mit der Planung, welche vor allem die grundlegenden Ziele und Anforderungen an die Website klärt, mündet die Analyse schließlich in die beiden Bereiche Gestaltung und Promotion. Besonders im Bereich der Promotion wird ein dringender Handlungsbedarf deutlich, da eine Website nur dann ihren Nutzen erfüllt, wenn sie mit Hilfe von Suchmaschinen gefunden werden kann. Aus diesem Grund empfiehlt sich, in naher Zukunft die Optimierung der Website nach den aufgeführten SEO-Kriterien vorzunehmen. Selbstverständlich sind die Maßnahmen der Promotion noch nicht ausgeschöpft, sodass es sinnvoll ist, nach und nach noch weitere Maßnahmen zu integrieren, wie beispielsweise das Schalten von Google-Adwords-Anzeigen oder die Generierung einer mobile App oder einer Facebook Seite.

Literaturverzeichnis

AGOF (2013). Online: [http://www.agof.de/weitere-informationen-ansehen.583.de.html], Abruf 12.09.2013

Bergmann, B. (2009). Onsite-Optimierung. Onsite Optimierung – Einführung & Begriffsklärung. Online: [http://www.onsite-optimierung.de/2009/01/11/onsite-optimierung-%e2%80%93-einfuhrung-begriffsklarung/#more-7], Abruf 13.09.2013

Böhringer, J., Bühler, P. & Schlaich, P. (2008). Kompendium der Mediengestaltung für Digital- und Printmedien. 4. Aufl. Berlin / Heidelberg: Springer Verlag.

Cabanova. Verbessert die Struktur eurer URLs. Online: [http://www.cabanova.com/help/de/Knowledgebase/Article/View/1161/223/verbessert-die-struktur-eurer-urls], Abruf 13.09.2013

European Business Connect. Suchmaschinenoptimierung. Online: [http://www.european-business-connect.de/blog/archives/34], Abruf 13.09.2013

Erihofer, S. (2012). Suchmaschinenoptimierung: Das umfassende Handbuch. Galileo Computing.

Fachhochschule für angewandtes Management. Online: [http://www.fham.de], Abruf 13.09.2013

Fachhochschule für angewandtes Management. Online: [http://www.marketing-kommunikation-studium.de/], Abruf 13.09.2013

Fachhochschule für angewandtes Management. Grundlagen Webdesign: Erste Präsenz. Online: [http://elearning-ss11.fham.de/moodle/pluginfile.php/372217/mod_resource/content/1/ wd_praesenz_1.pdf], Abruf 13.09.2013

Fischer, K.P., Wiessner, D. & Bidmon, R.K. (2011). Angewandte Werbepsychologie in Marketing und Kommunikation. Berlin: Cornelson Verlag.

Gaulke, M., Suchmaschinenkompetenz. Das Phänomen des Google Imperiums. Online: [http://www.suchmaschinenkompetenz.de/Das-Unternehmen-Google-Suchmaschinenkompetenz.htm], Abruf 13.09.2013

Geppert, M. & Roßnagel, A. (2012). Telemediarecht. 9. Aufl. Beck-Texte im dtv.

Gkavogianni, G. (2013). Usability Tips. Introduction to eye-tracking. Online: [http://usability-tips.com/web-usability-measured-eye-tracking-mechanism/], Abruf 13.09.2013

Google Webmaster Tools. Titel und Beschreibung von Websites. Online: [https://support.google.com/webmasters/answer/35624?hl=de], Abruf 13.09.2013

Google: Einführung in Suchmaschinenoptimierung (2011). Online: [https://static.googleusercontent.com/external_content/untrusted_dlcp/www.google.d e/de/de/webmasters/docs/einfuehrung-in-suchmaschinenoptimierung.pdf], Abruf 13.09.2013

Gutheim, P. (2008). Der Webdesign-Praxisguide: Professionelle Konzeption von der Planung bis zur Promotion. Berlin / Heidelberg: Springer Verlag
Hammer, N. & Bensmann, K. (2011). Webdesign für Studium und Beruf: Webseiten planen, gestalten und umsetzen. 2. Aufl. Berlin / Heidelberg: Springer Verlag

Heller, E. (2005). Wie Farben wirken. Reinbek bei Hamburg: Rowohlt Taschenbuch Verlag.

Hoffmann, N. (2012). Modernes Webdesign: Gestaltungsprinzipien, Webstandards, Praxis. Galileo Design.

Kollmann, T., GABLER Wirtschaftslexikon. Online:
[http://wirtschaftslexikon.gabler.de/Definition/blog.html], Abruf 13.09.2013

Konzeptionist.at. Bilder SEO – Mit Bildern Traffic bei Google generieren. Online:
[http://www.konzeptionist.at/seosem/bilder-seo-traffic-google-bildersuche/], Abruf
13.09.2013

Ott, S., Links & Law – Informationen rund um die Impressumspflicht für eine Website.
Die Impressumspflicht nach § 5 TMG / § 55 RStV. Online: [http://linksandlaw.info/
Impressumspflicht-Notwendige-Angaben.html], Abruf 13.09.2013

Sattler, M. Suchmaschinenoptimierung leicht gemacht. Online:
[http://suchmaschinenoptimierung.michaelsattler.de/inhalt.html], Abruf 13.09.2013

SEO-united.de. Onpage Optimierung – Domainname. Online: [http://www.seo-
united.de/onpage-optimierung/], Abruf 13.09.2013

Springer für Professionals (2013). Keyword-Dichte in Web-Texten. Online:
[http://www.springerprofessional.de/seo-teil-3-keyword-dichte-in-web-
texten/2902168.html], Abruf 13.09.2013

Suchmaschinenoptimierung. Wichtige Meta-Informationen richtig angeben. Online:
[http://s1-suchmaschinenoptimierung.de/meta-tags/], Abruf 13.09.2013

WebSEO. Keyword-Analyse. Online: [http://www.webseo.biz/seo-tipps/keyword-
analyse/], Abruf 13.09.2013

Weinand, K. (2013). Top-Rankings bei Google und Co.: Erfolgreiche
Suchmaschinen-Optimierung. Galileo Computing.